BASTIEN PIANO PARTY

ピアノ パーティー B

もくじ

ユニット 1
- たいこのこうしん ……………………………… 2
- ひだりてでひこう ……………………………… 4
- リズムをたたこう ……………………………… 5
- Cポジションのうた（ハちょうちょう）…… 6

ユニット 2
- やまのぼり ……………………………………… 8
- おとなり「すてっぷ」どんどんすすめ…… 9
- さかなつり ……………………………………… 10
- とばして「すきっぷ」ぴょんぴょんすすめ… 11

ユニット 3
- けんけんぱっ …………………………………… 12
- ねるしたくできたかな？ …………………… 13
- わおんをひこう ………………………………… 14
- C（どみそ）のわおん ………………………… 15

ユニット 4
- Gポジションのうた（トちょうちょう）…… 16
- ひこうき ………………………………………… 17
- うきうきするね！ …………………………… 18
- G（そしれ）のわおん ………………………… 19
- リズムをたたこう ……………………………… 20

ユニット 5
- あたらしいリズムをひこう ………………… 21
- パイのおみやげ！ …………………………… 22
- とばして「すきっぷ」とんでみよう！…… 23
- じてんしゃきょうそう ……………………… 24
- とばして「すきっぷ」なんのおと？……… 25

ユニット 6
- Fポジションのうた（ヘちょうちょう）…… 26
- クリスマス ……………………………………… 27
- Fのわおんでジャンプ！ …………………… 28
- おとなり「すてっぷ」あがるさがる ……… 29
- まちがえないで！ なんのおと？
  「すてっぷ」と「すきっぷ」 ……………… 30
- ぴっかぴかのカレンダー …………………… 31

ユニット 7
- グループⅠのちょう ………………………… 32
- まほうのハープ ……………………………… 33
- だいふひょう ………………………………… 34
- せんとかんのおと …………………………… 35
- ぞくしち（V 7）っていいおとね ………… 36

ユニット 8
- ぼくのあたらしいペンだよ ………………… 37
- とばして「すきっぷ」 ……………………… 38
- 「すきっぷ」のおんぷかこう！ …………… 39
- せいじゃがまちにやってくる ……………… 40
- ポジションのふくしゅう …………………… 42
- 5線譜 ………………………………………… 43

教師の手引き ………………………………… 44

ジェーン・S・バスティン
リサ・バスティン
ローリー・バスティン 共著

Kjos
Neil A. Kjos
Music Company,
Publisher

株式会社 東音企画

ISBN 0-8497-8620-7

©1993, ©1994 Neil A. Kjos Music Company, 4380 Jutland Drive, San Diego, CA 92117. International copyright secured. All rights reserved. Printed in U.S.A.

注意！ この本のすべての音楽・テキスト、絵と図は、法律によって保護されています。
いかなる方法でも複製、又は複写することは、法律の権利を侵害します。版権所有物を複写するものは、それぞれの侵害に対して相当の罰金をうけます。

ユニット1

教師の手引き　44ページ

まいにち

つぎの4とおりでひきましょう。
1. **ゆびばんごう**をいいながら。
2. **こえをだして、かぞえ**ながら。
3. **おとのなまえ**をいいながら。
4. **かしをうたい**ながら。

いつもちゅういしましょう。
1. **ただしいてのかたち**でひく。
2. **がくふからめをはなさない**でひく。

はいいろのけんばん＝まんなかのC

たいこの　こうしん

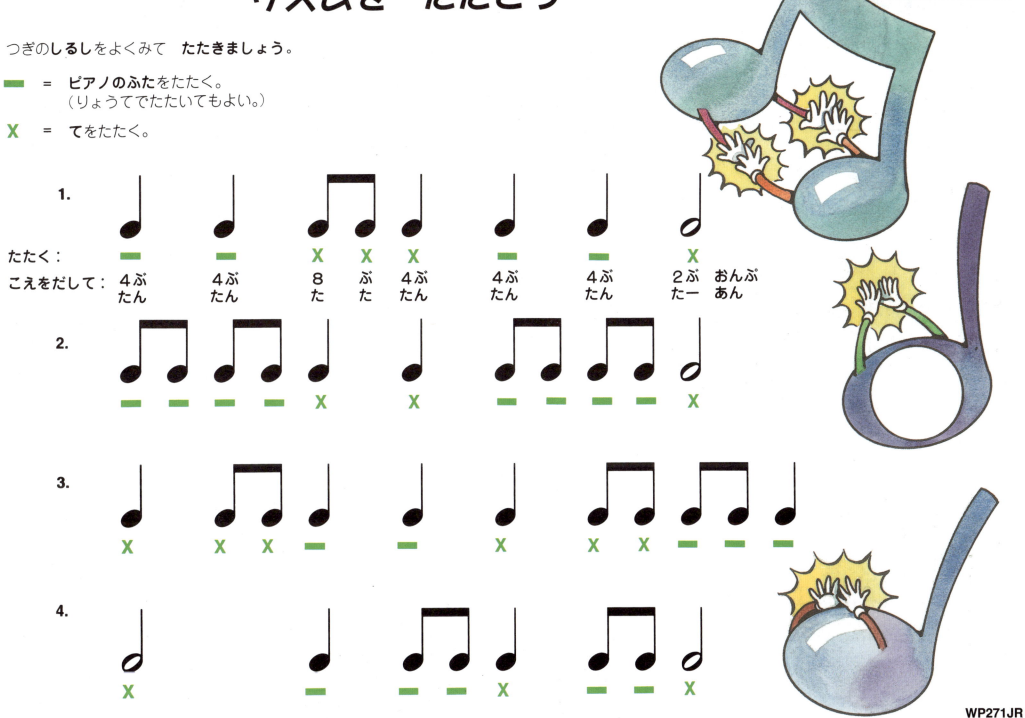

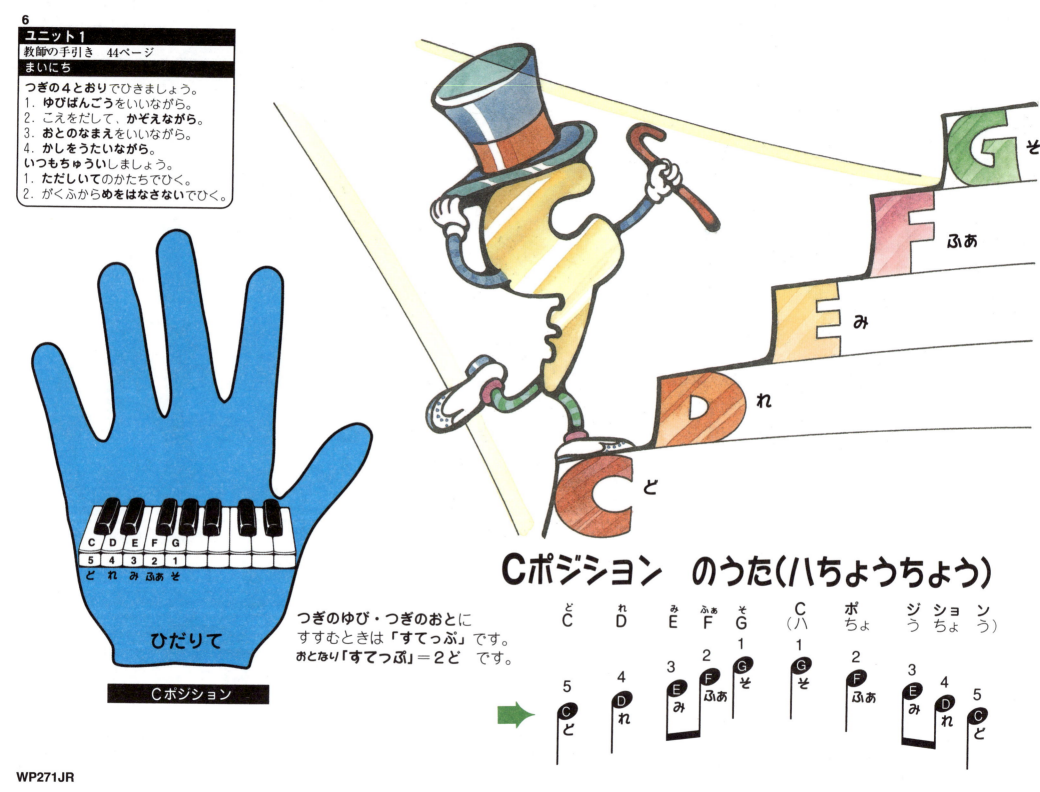

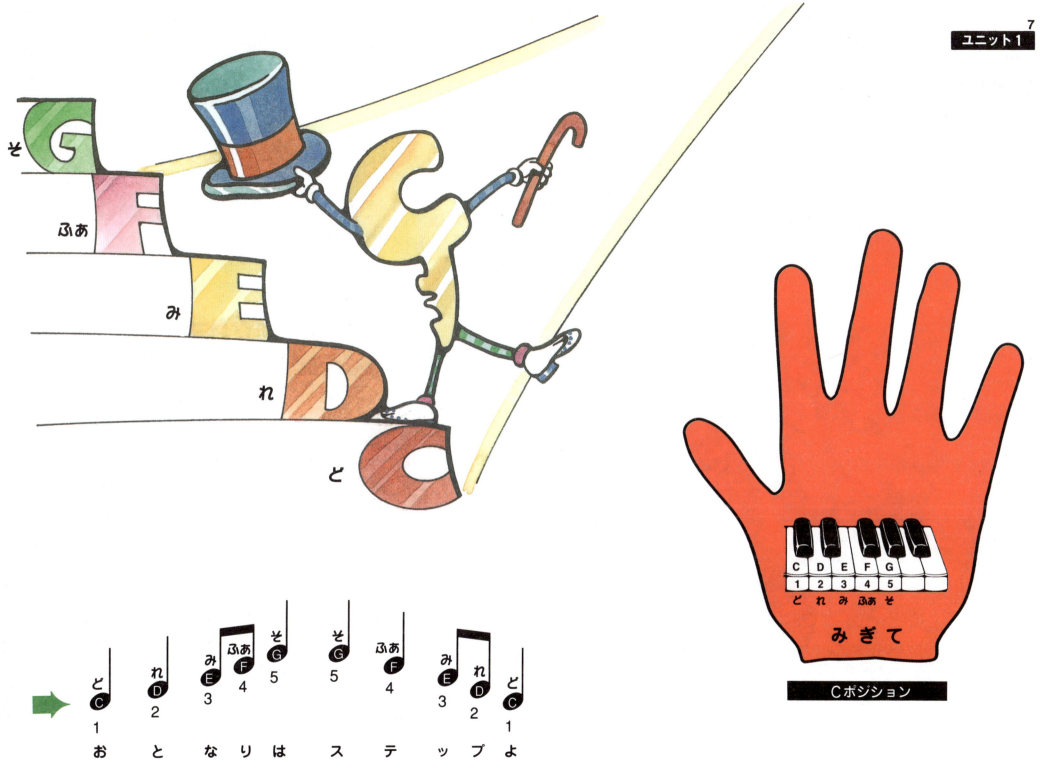

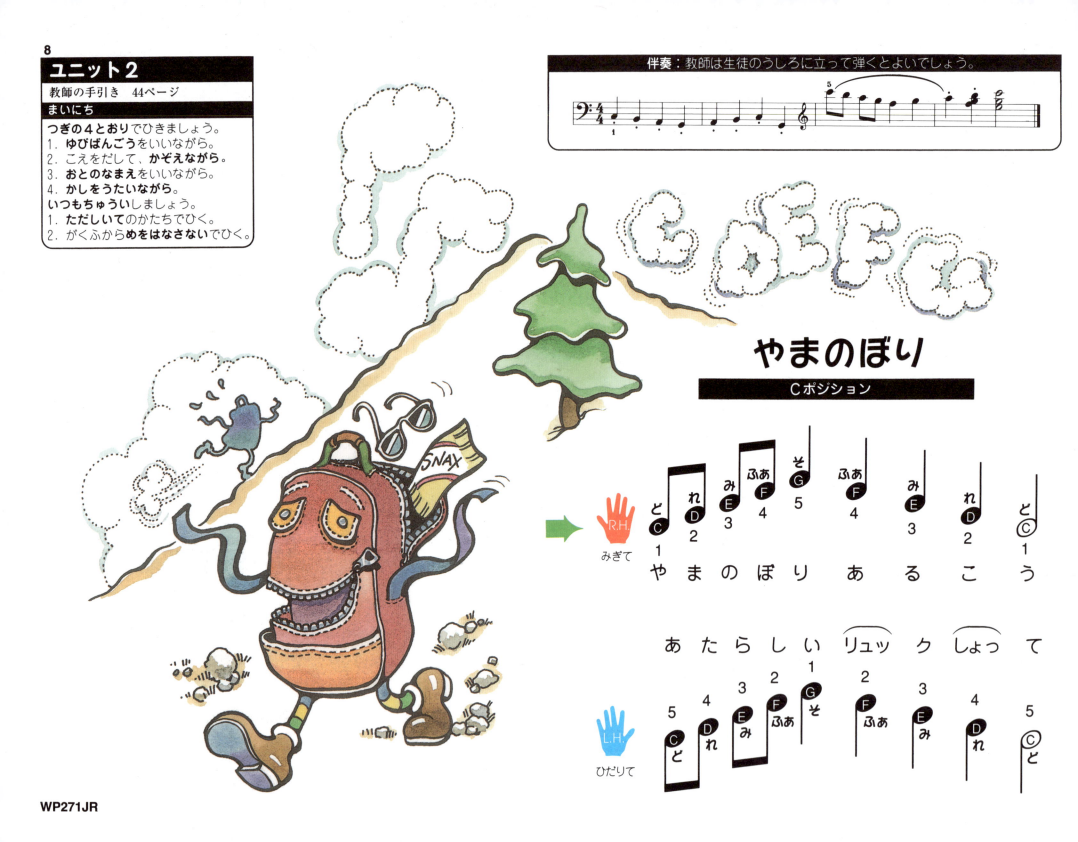

おとなり「すてっぷ」どんどん　すすめ

リズムに　きをつけて、こえをだして　**かぞえながら**　ひきましょう。

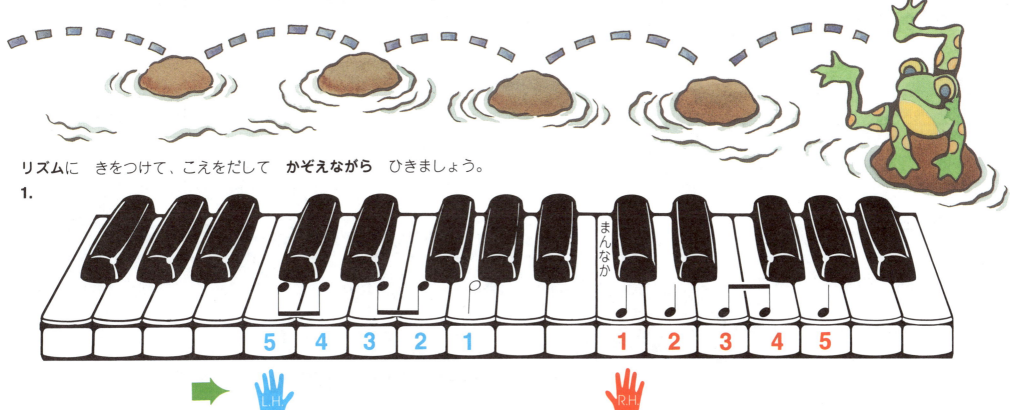

とばして「すきっぷ」ぴょん ぴょん すすめ

ゆびも おとも ひとつ とばすと「すきっぷ」です。
とばして「すきっぷ」＝3ど です。

リズムに きをつけて、こえをだして **かぞえながら** ひきましょう。

1.

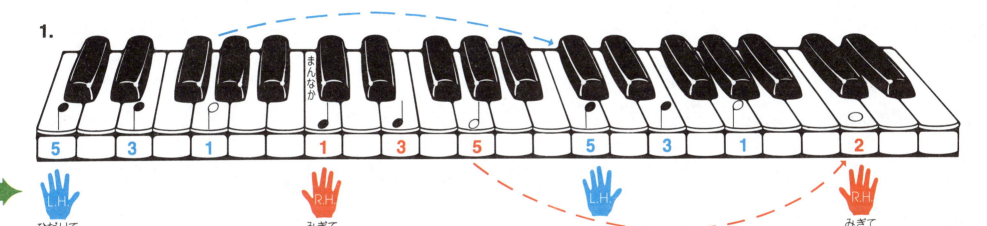

2.

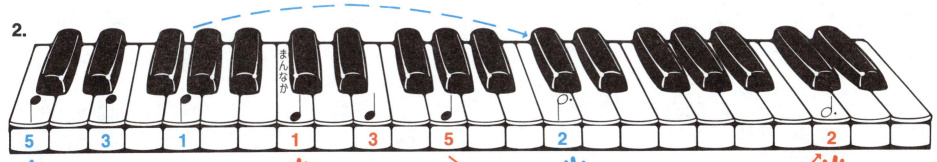

先生へ：本書ではスキップ（3度）をとばして「スキップ」としています。

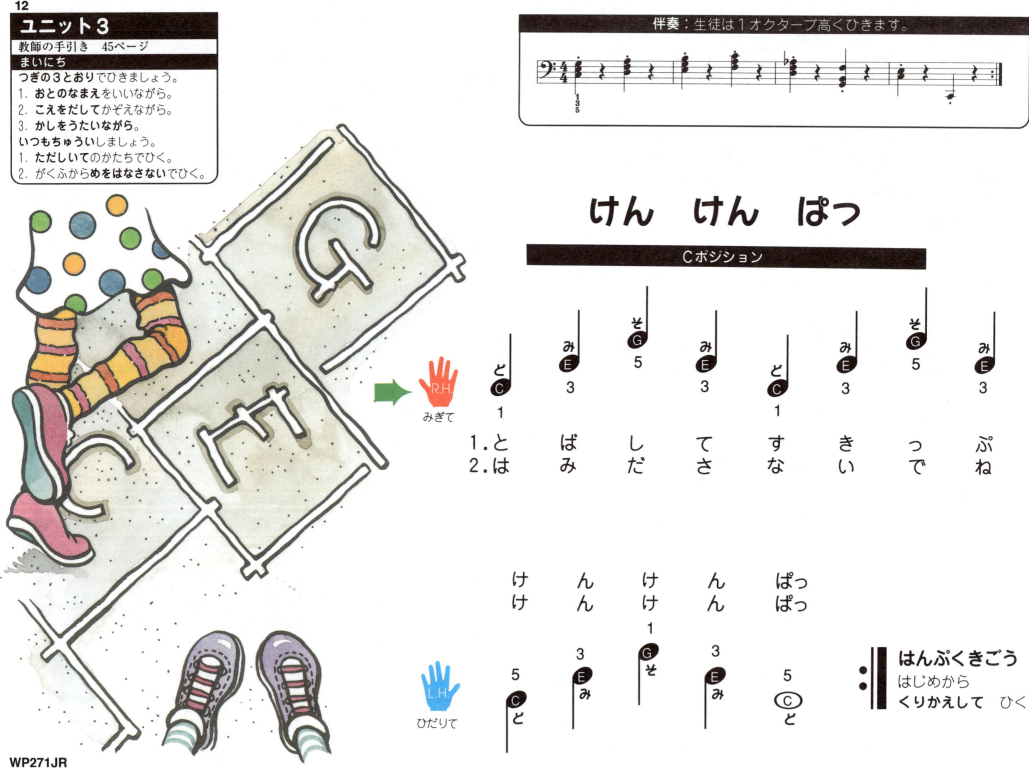

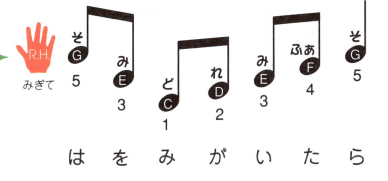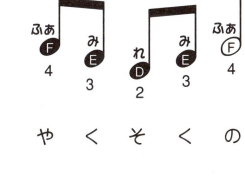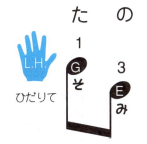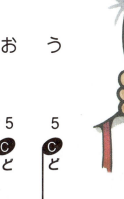

ユニット3
教師の手引き　45ページ

まいにち
つぎの3とおりでひきましょう。
1. **おとのなまえ**をいいながら。
2. こえをだして**かぞえ**ながら。
3. **かし**をうたいながら。

いつもちゅういしましょう。
1. **ただしいての**かたちでひく。
2. がくふから**め**をはなさないでひく。

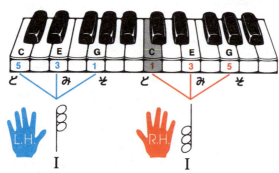

Ⅰのわおん：スキップ（ひとつとばし）をふたつあわせます。

わおんを ひこう
Cポジション

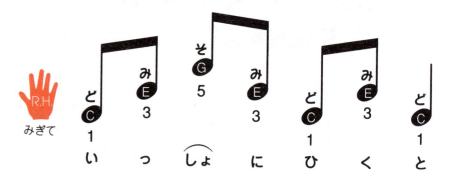

ひ と つ と ば し で

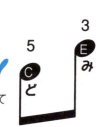 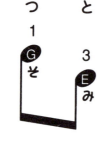 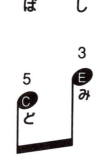

Ⅰの　　わおん　　ひび　　く

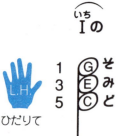 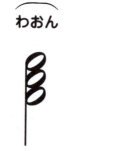 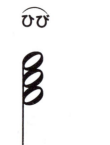 

WP271JR

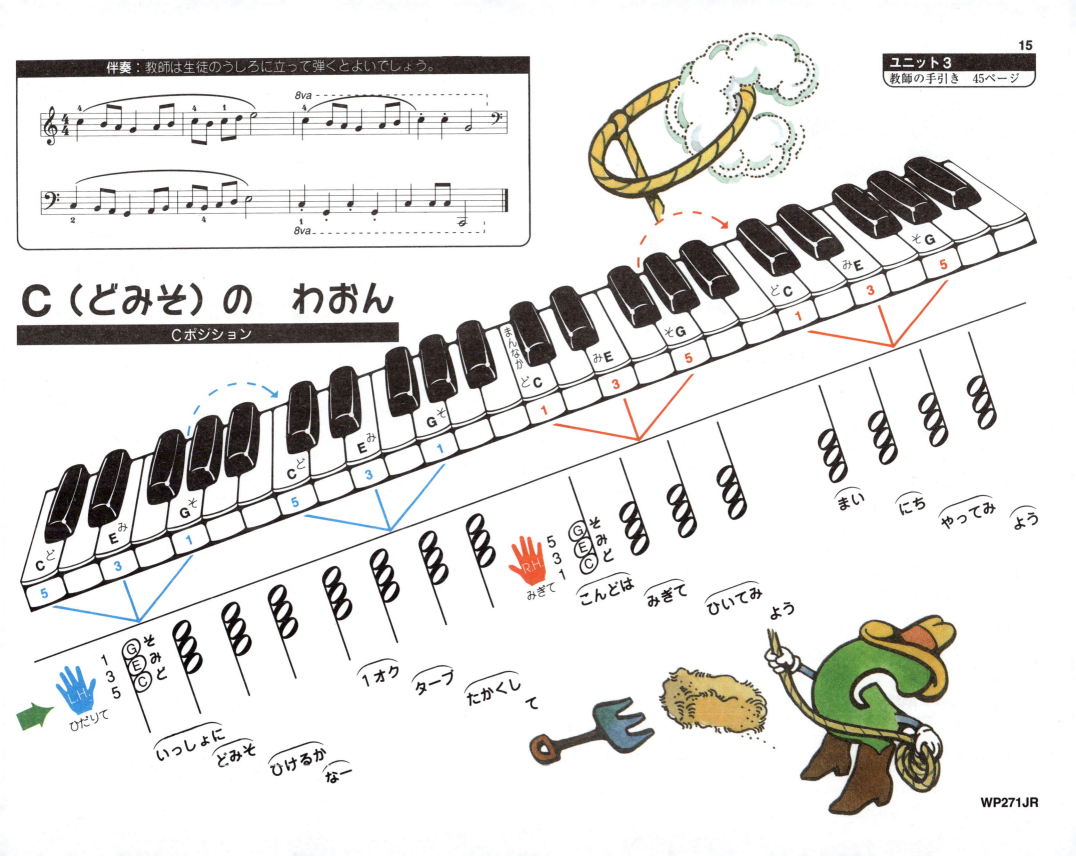

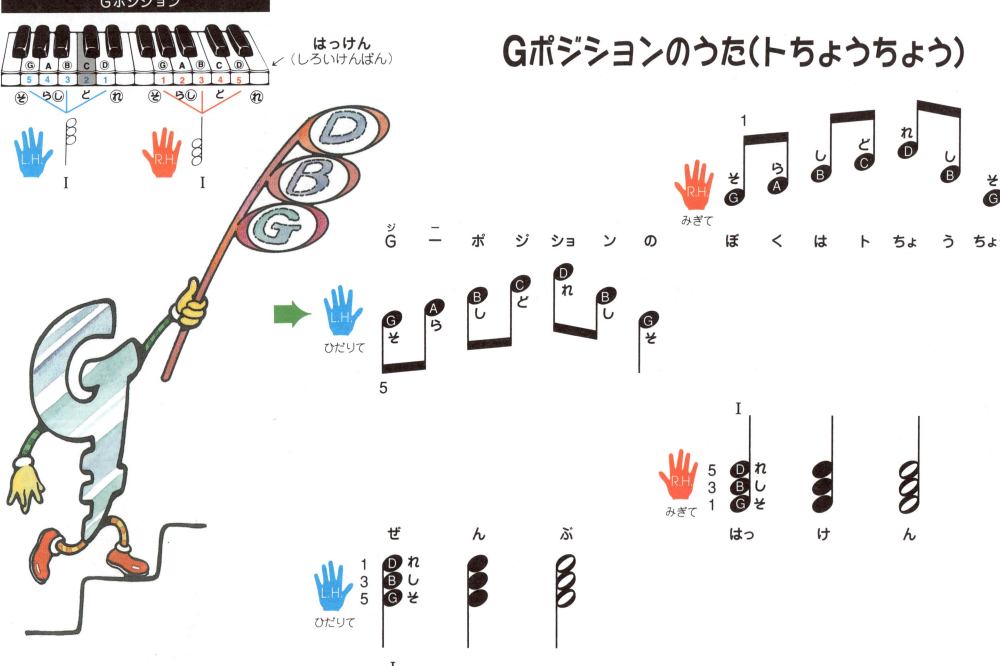

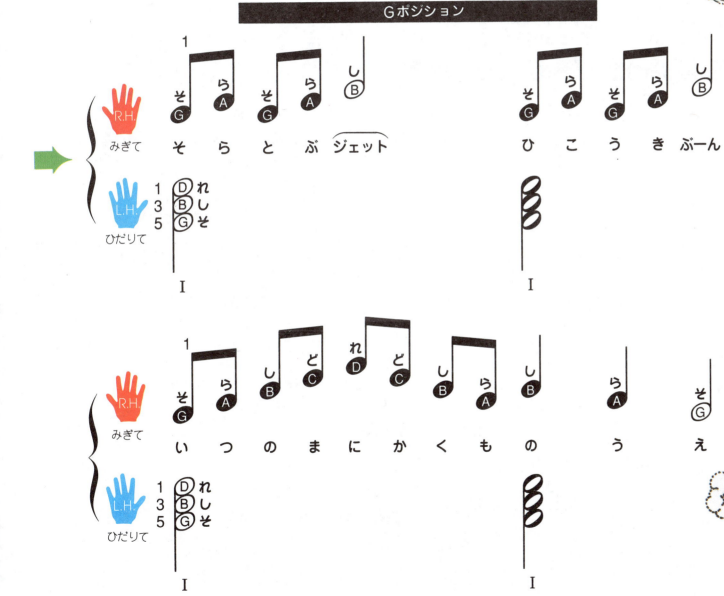

18

ユニット4
教師の手引き　46ページ
まいにち
つぎの3とおりでひきましょう。
1. **おとのなまえ**をいいながら。
2. こえをだして**かぞえ**ながら。
3. **かし**をうたいながら。
いつもちゅういしましょう。
1. **ただしいての**かたちでひく。
2. **がくふからめをはなさないで**ひく。

うきうきするね！

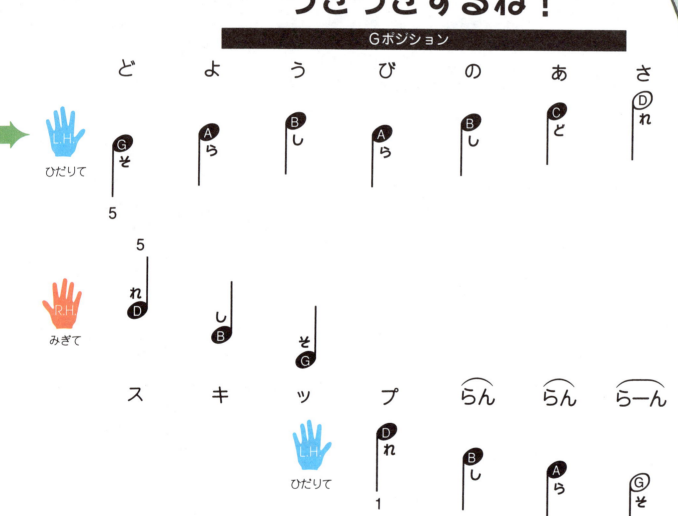

Cポジションに　てをおいて
おなじように　ひいてみましょう。
このように　ポジションをかえて
ひくことを**「いちょう」**といいます。

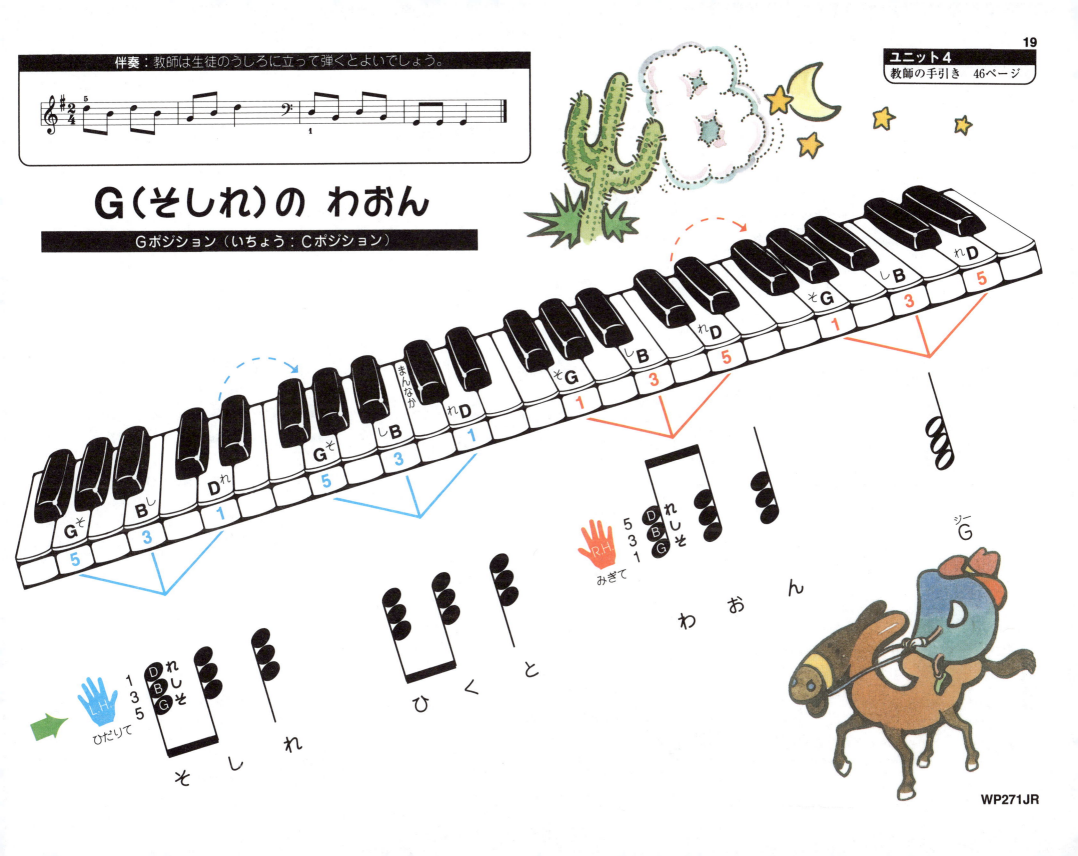

リズムをたたこう

つぎのしるしをよくみて　たたきましょう。

■ ＝ **ピアノのふたをたたく。**
　　　（りょうてでたたいてもよい。）

X ＝ **てをたたく。**

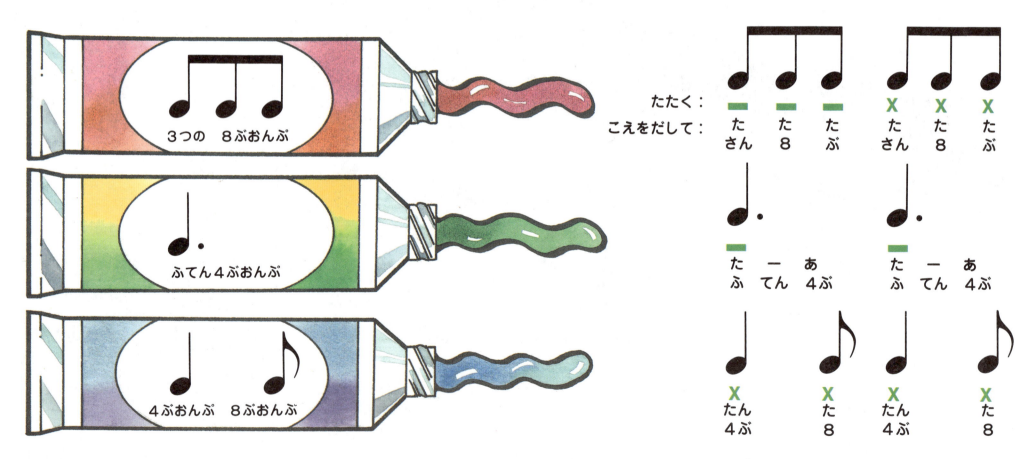

先生へ：本書では、これらのリズムを $\frac{6}{8}$ 拍子系で導入します。

あたらしいリズムを ひこう

ゆびとおとにきをつけて、かぞえながら みぎてで ひきましょう。

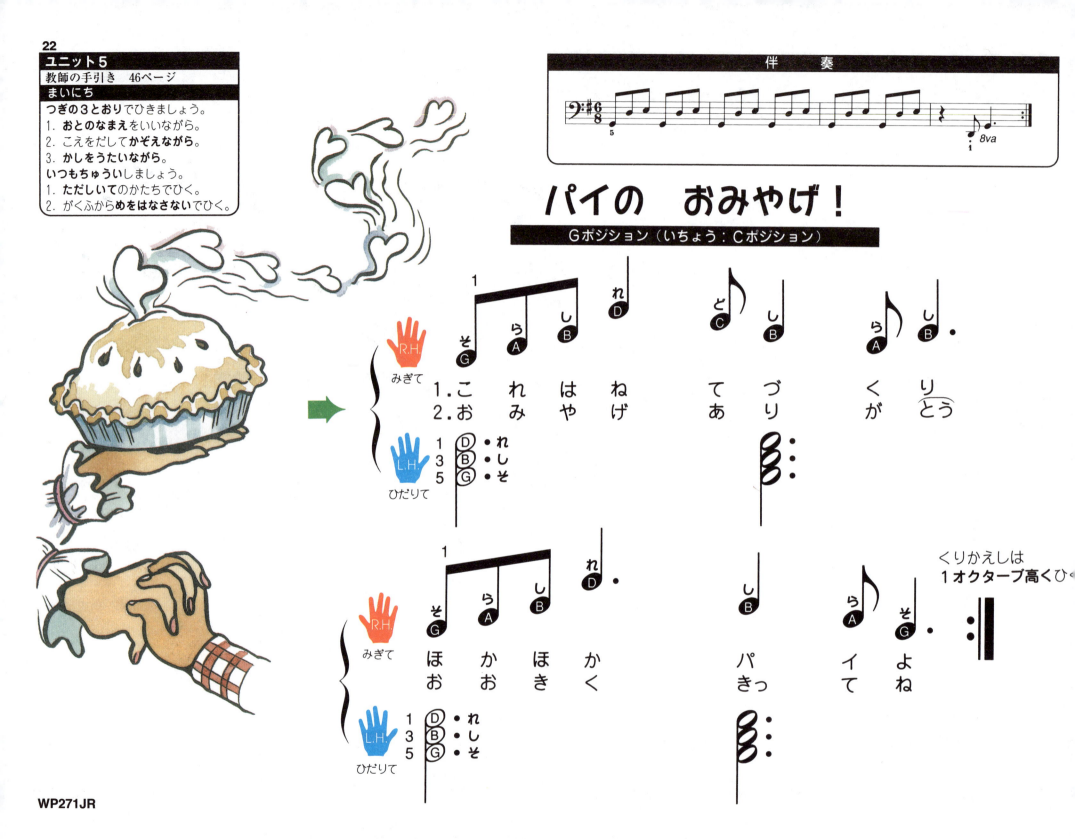

とばして「すきっぷ」とんでみよう！

ゆびも おとも ひとつ とばすと 「すきっぷ」です。
とばして「すきっぷ」で あがると どのけんばんですか？ いろをぬりましょう。

とばして「すきっぷ」で さがると どのけんばんですか？ いろをぬりましょう。

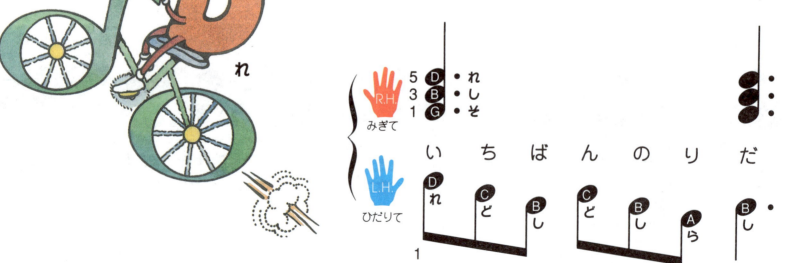

とばして「すきっぷ」 なんのおと？

ユニット5
教師の手引き　46ページ
まいにち
1. **ひくばしょをすぐみつける**ようにする。
2. がくふから**め**をはなさないでひく。
3. かいてあるおとからはじめて、**「すきっぷ」**のおとをこたえながらひく。

Cのちょう：
（ハちょうちょう）

Gのちょう：
（トちょうちょう）

先生へ：このページは、次のように言葉を付け加えて、すすめて下さい。

（例）先生：はじめの音はド、　とばして「すきっぷ」であがると？　生徒：「ミ」
先生：その音から、また、とばして「すきっぷ」であがると？　生徒：「ソ」
先生：その音から、また、とばして「すきっぷ」でさがると？　生徒：「ミ」

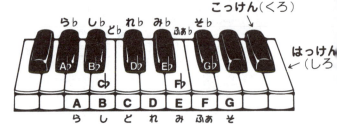
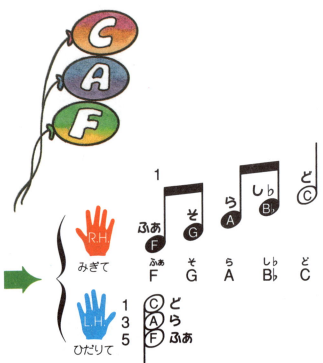
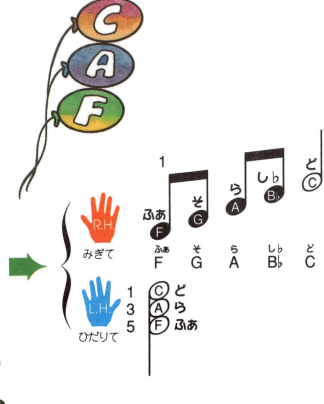
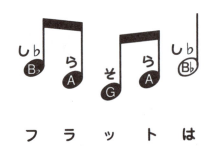
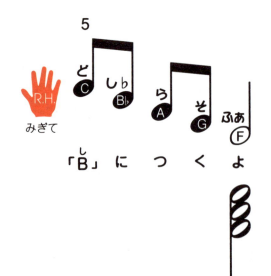

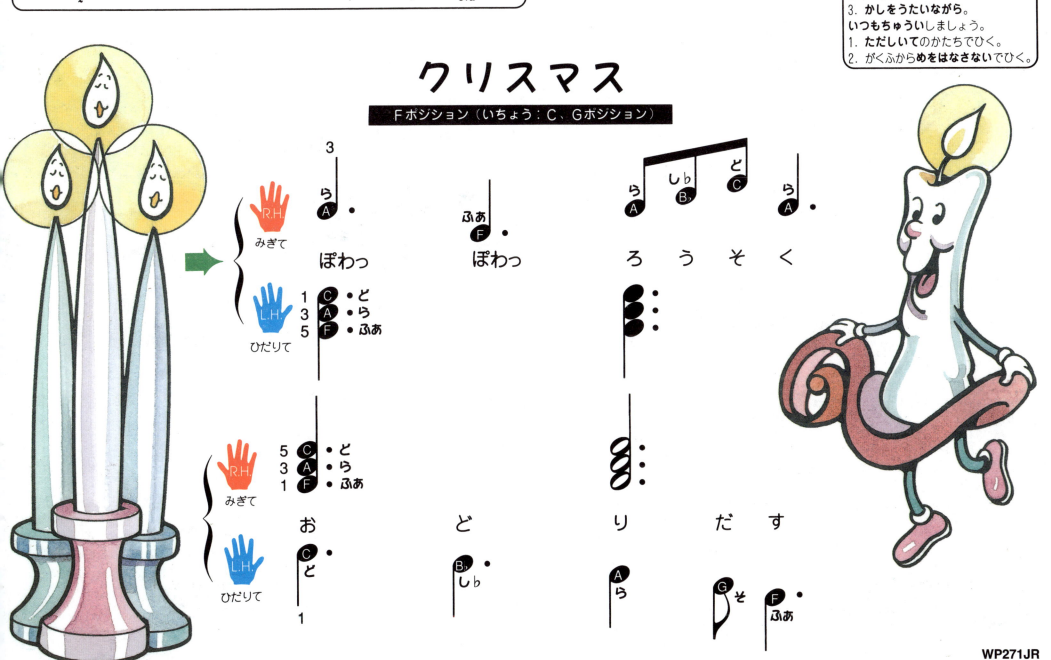

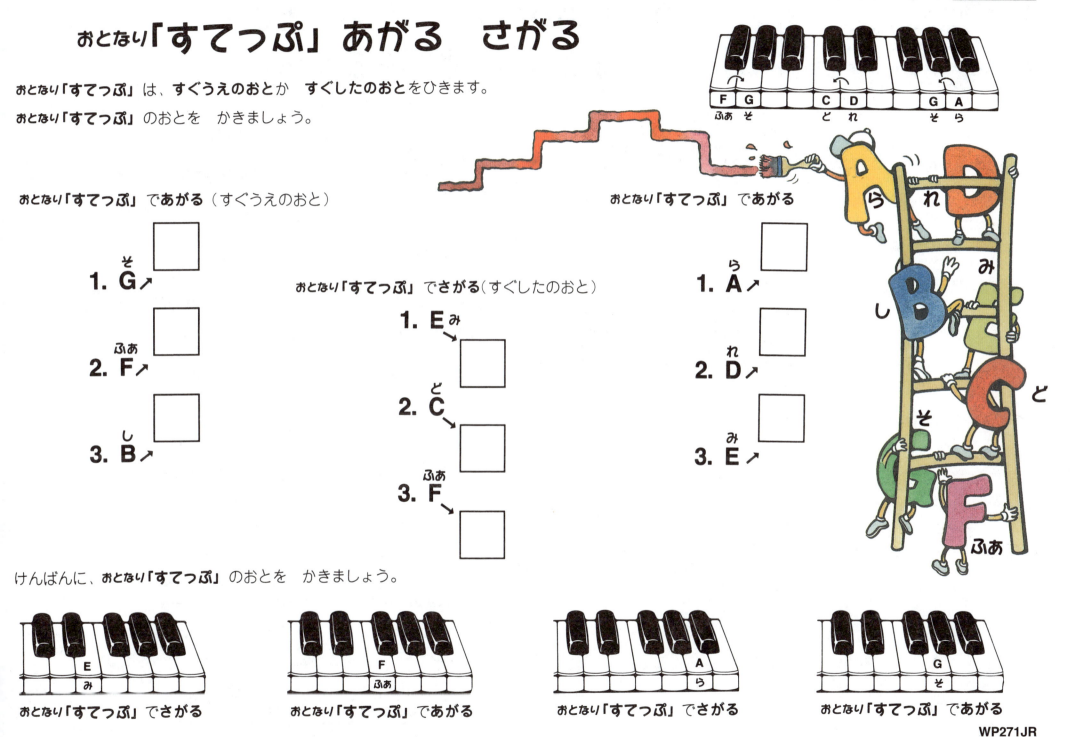

まちがえないで！ なんのおと？
「すてっぷ」と「すきっぷ」

ユニット6

まいにち
1. ひくばしょをすぐみつける。
2. がくふからめをはなさないでひく。
3. かいてあるおとからはじめて「すてっぷ」や「すきっぷ」のおとをこたえながらひく。

Fのちょう：
（へちょうちょう）

ふあ　　　　ら　　　　と

「すてっぷ」で
あがると？
「すてっぷ」で
あがると？
「すきっぷ」で
あがると？

「すてっぷ」であがると？
「すてっぷ」であがると？
「すきっぷ」でさがると？

「すてっぷ」でさがると？
「すてっぷ」でさがると？
「すてっぷ」であがると？

Gのちょう：
（トちょうちょう）

ら　　　　と　　　　れ

「すてっぷ」で
あがると？
「すきっぷ」で
さがると？
「すてっぷ」で
あがると？

「すてっぷ」でさがると？
「すきっぷ」であがると？
「すてっぷ」でさがると？

「すきっぷ」でさがると？
「すきっぷ」であがると？
「すてっぷ」であがると？

先生へ：このページは、次のように言葉を付け加えて、すすめて下さい。
（例）先生：**はじめの音はファ、おとなり「すてっぷ」であがると？**　生徒：「ソ」
　　　先生：**その音から、また、おとなり「すてっぷ」であがると？**　生徒：「ラ」
　　　先生：**その音から、また、とばして「すきっぷ」であがると？**　生徒：「ド」

WP271JR

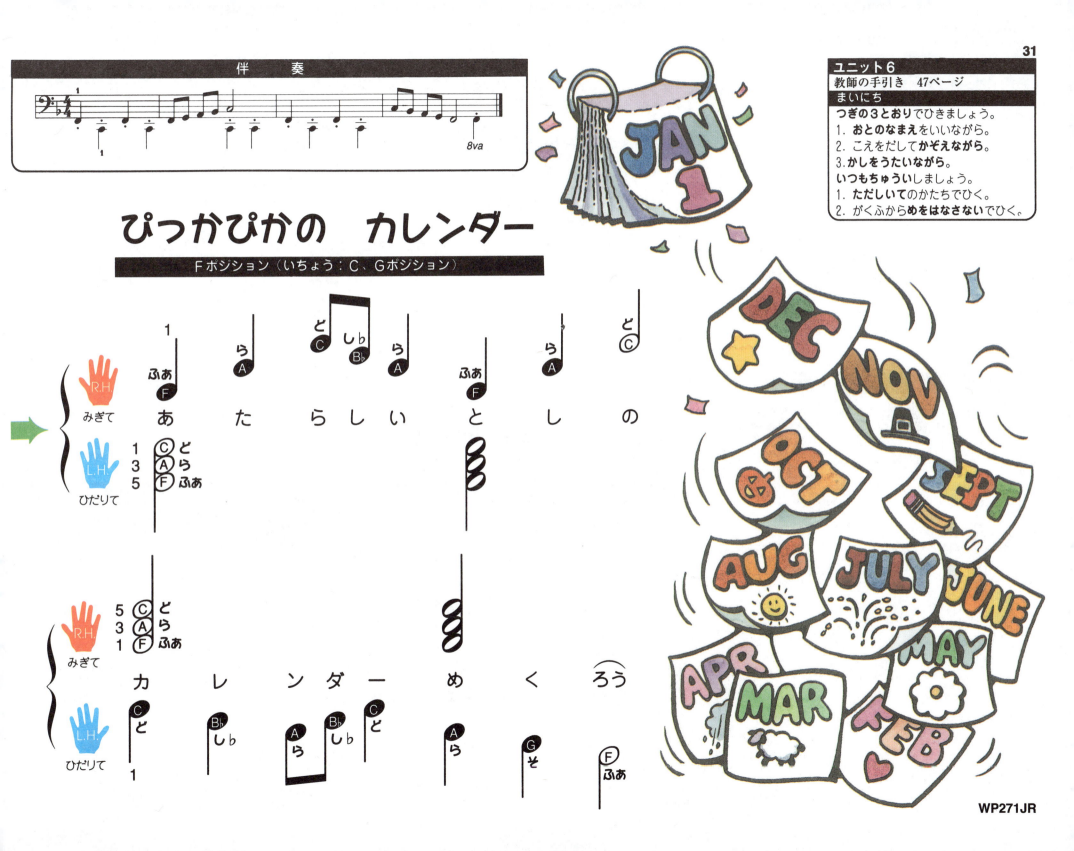

グループⅠのちょう

C G F

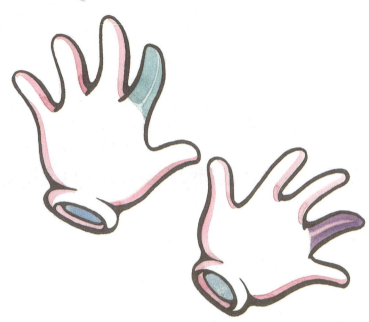

CメージャーCハちょうちょう)、Gメージャー(トちょうちょう)、Fメージャー(ヘちょうちょう)のⅠのわおんは、**ぜんぶはっけんでひくので、「グループⅠ」のちょう**といいます。
Fメージャー(ヘちょうちょう)だけは、5ほんのゆびでひくときに、**ひとつだけこっけんをつかいます。(ひだりて2のゆび、みぎて4のゆび)**

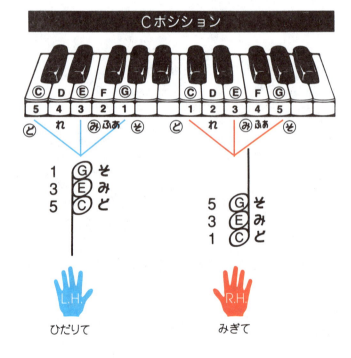

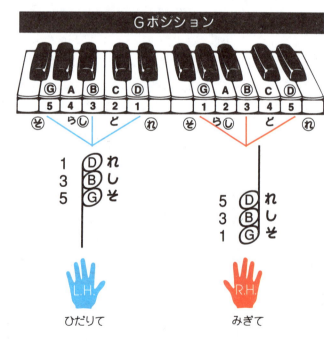

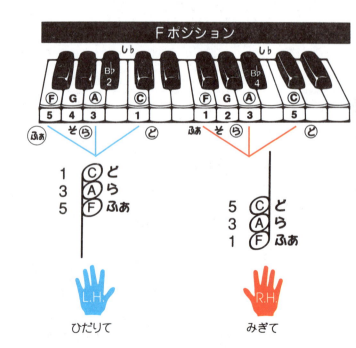

まほうのハープ

このきょくの ひきかたは：
1. **ひだりての５のゆびで、**C（ど）をひいて、とばして**「すきっぷ」**であがります。

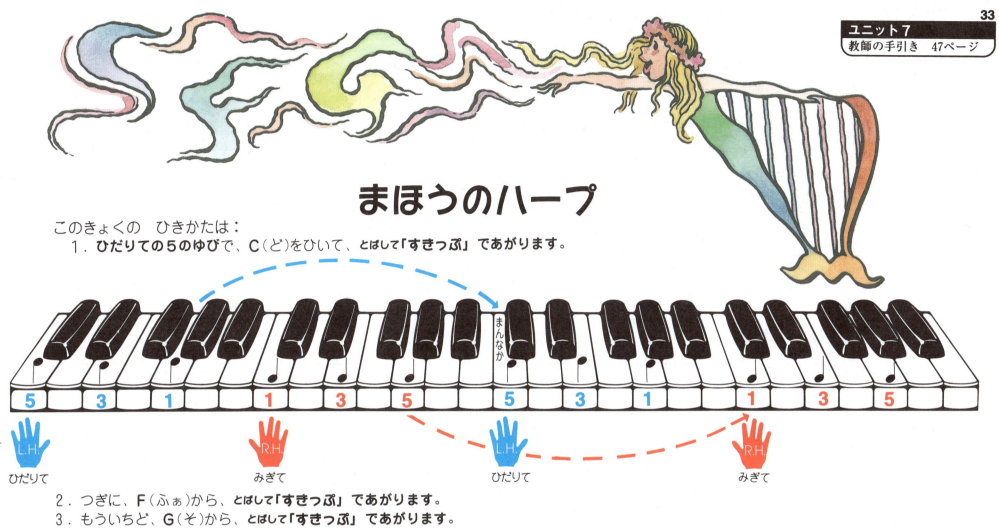

2. つぎに、F（ふぁ）から、とばして**「すきっぷ」**であがります。
3. もういちど、G（そ）から、とばして**「すきっぷ」**であがります。
4. さいごは、C（ど）を４のゆびでひき、Cポジションをはんたい（そみど）にさがっておわります。

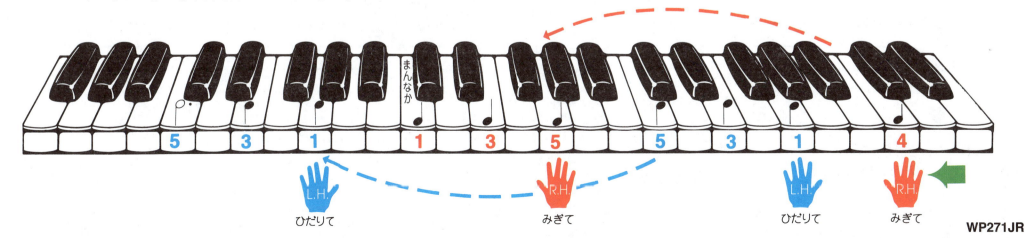

だいふひょう

おんぷは**だいふひょう**にかきます。

とおんきごう

へおんきごう

うえのだんにあるしるしを　とおんきごうといいます。　　　　　　　　　**したのだんにあるしるしを　へおんきごう**といいます。

がくふには、**せんが5ほん**あります。
おんぷは、**せんのうえ（せん）**と　**せんのあいだ（かん）**に　かくことができます。

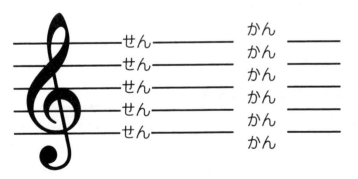
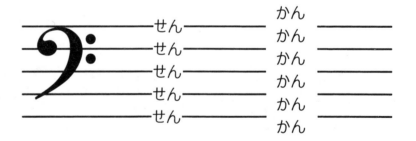

■ **だいふひょうのせんを　みどり**でなぞりましょう。
■ **かんを　オレンジ**でぬりましょう。

せんとかんのおと

これは **せんのおんぷ** です。
まんなかにせんが とおっています。

これは **かんのおんぷ** です。
せんとせんのあいだに、
はさまっています。

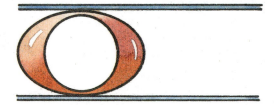

おんぷにいろを ぬりましょう。

■ せんのおんぷ ── あか　　■ かんのおんぷ ── あお

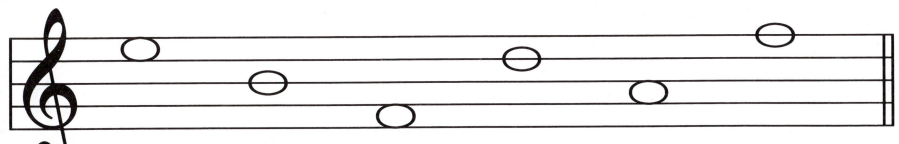

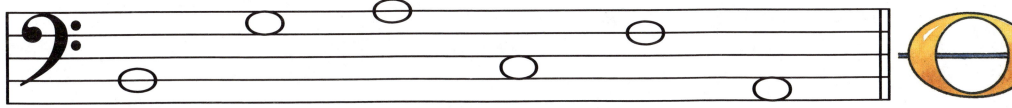

せんのおんぷとかんのおんぷをかいてみましょう。

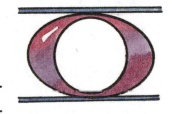

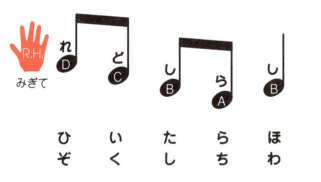

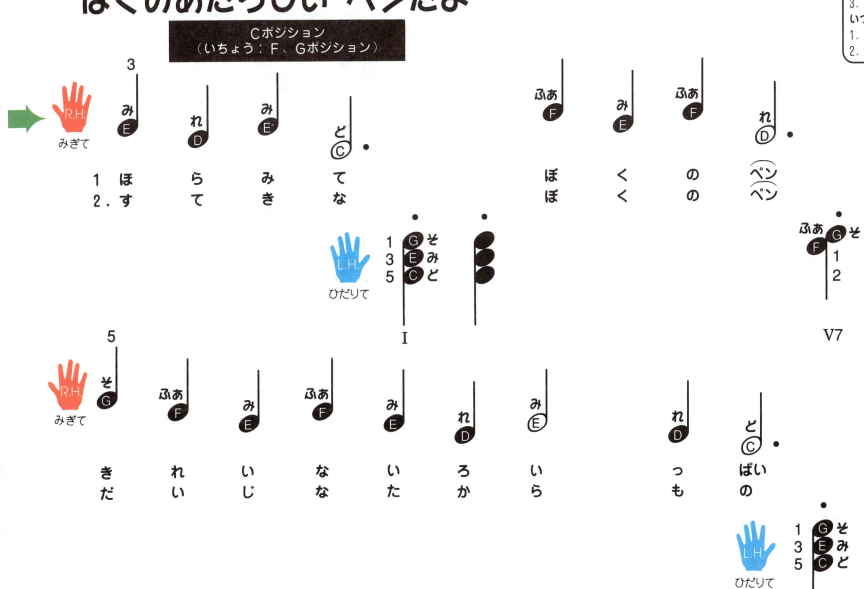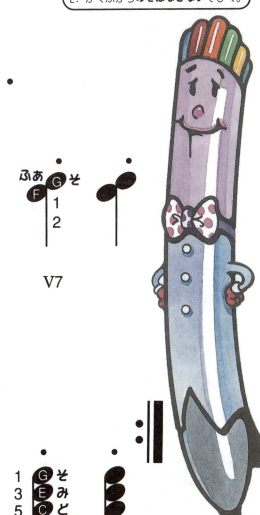

とばして「すきっぷ」

これが「**すきっぷ**」です。つぎの**せん**に**あがったり**、**さがったり**します。

これも「**すきっぷ**」です。つぎの**かん**に**あがったり**、**さがったり**します。

せんの「すきっぷ」

かんの「すきっぷ」

おんぷに**いろ**をぬりましょう。

■ **せんのおんぷ**——**あか**　　■ **かんのおんぷ**——**あお**

おんぷのうごくほうに、やじるし（→）をかきましょう。

「すきっぷ」のおんぷ　かこう！

おんぷをかきいれて、**いろ**をぬりましょう。
■ せんのおんぷ──あか　　■ かんのおんぷ──あお

1日目（にちめ）
とおんきごうをかく

| 「すきっぷ」であがる | 「すきっぷ」でさがる | 「すきっぷ」であがる | 「すきっぷ」でさがる |

2日目（かめ）
へおんきごうをかく

| 「すきっぷ」であがる | 「すきっぷ」でさがる | 「すきっぷ」でさがる | 「すきっぷ」であがる |

3日目（かめ）
とおんきごうをかく

| 「すきっぷ」でさがる | 「すきっぷ」であがる | 「すきっぷ」であがる | 「すきっぷ」でさがる |

4日目（かめ）
へおんきごうをかく

| 「すきっぷ」であがる | 「すきっぷ」でさがる | 「すきっぷ」でさがる | 「すきっぷ」でさがる |

先生へ：次の言葉を付け加えてすすめて下さい。（例）とばして「すきっぷ」であがる。

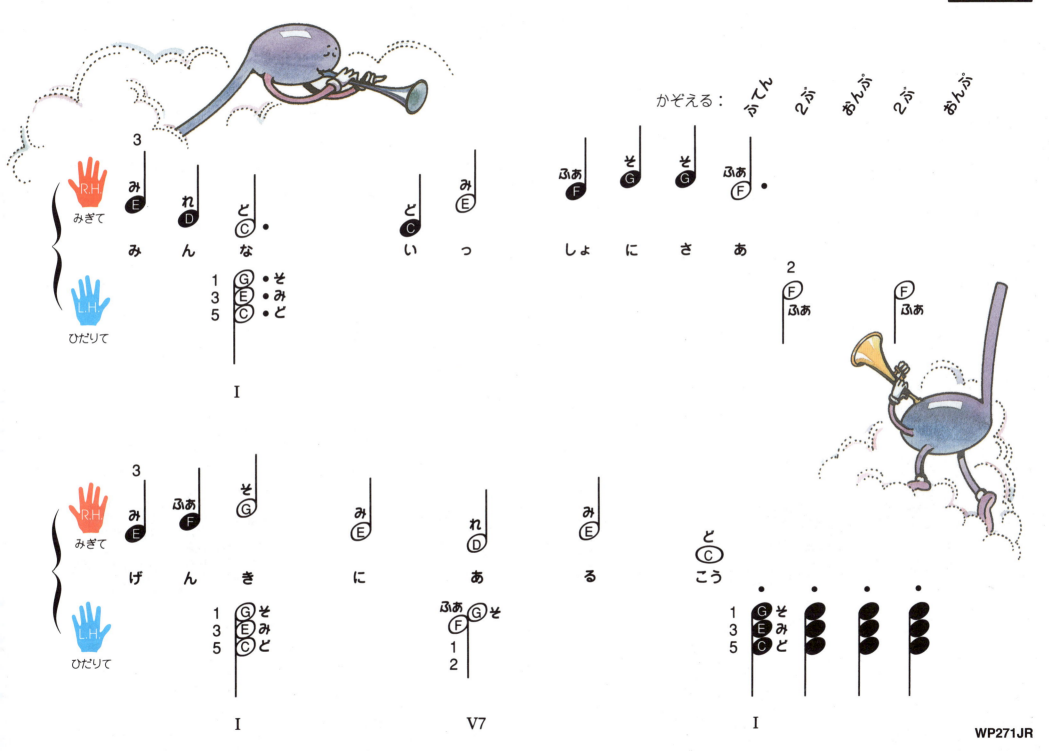

ポジションのふくしゅう

けんばんにしるしをつけましょう。

1. 5ほんのゆびを おくばしょは、どこですか？

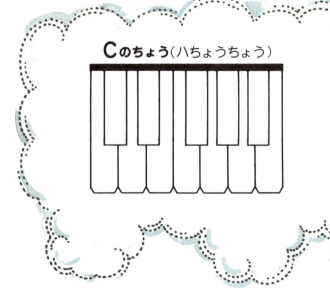
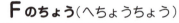
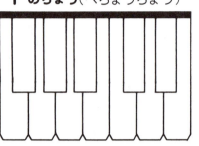
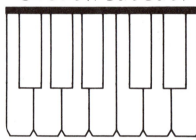

2. Ⅰのわおんを ひくばしょは、どこですか？

5せんふ

教師の手引き

- ピアノパーティーで、基本的な概念を教えます。
- 聴音＆楽典パーティーとパフォーマンスパーティーで、その概念の復習と確認をします。
- ピアノパーティーとパフォーマンスパーティーの2冊のテキストを合わせ、毎週、最低3曲の宿題を出して下さい。
- 聴音＆楽典パーティーは、ゆっくり進めて下さい。このテキストは、宿題にしてしまうのではなく、先生と生徒が一緒に繰り返し練習しながら、進めてゆくよう作られています。
- 内容別にユニットで分けてあります。このユニット番号は、各テキストに共通しています。
- テキストの進度には、個人差があります。生徒によっては、1ユニットを1週間で終わらせてしまうこともありますし、又、かなりの時間を要するという事もあります。各個人に合わせて、適切に練習を進めてください。

ユニット1　(2〜7ページ)

1　たいこのこうしん
8va記号の紹介

5　リズムをたたこう
リズムを感じ、体得するのに、楽しい方法といえば、生徒自身に、手やひざをたたかせることでしょう。

×印＝手をたたかせる、■印＝ピアノのふたをたたかせる

6-7　Cポジションのうた（ハちょうちょう）
ハ長調の5指ポジションの紹介です。ステップ（2度・隣の音）もここで紹介されます。いずれ、5線の譜読みがでてきた段階で、この"ステップ"についてはきちんと学びます。

ユニット2　(8〜11ページ)

8　やまのぼり

10　さかなつり

11 とばして「スキップ」ぴょんぴょんすすめ

スキップ（3度・ひとつとばし）の紹介です。
　いずれ、5線の譜読みがでてきた段階で、この"スキップ"については、きちんと学びます。

ユニット3　（12～15ページ）

12 けんけんぱっ

13 ねるしたく できたかな？

14 わおんをひこう

Ⅰの和音またはCの和音の弾かせ方：
ハ長調の5指ポジションを見つけさせ、その音のうち、左手は5、3、1、
右手は1、3、5を同時に弾かせます。

15 C（どみそ）のわおん

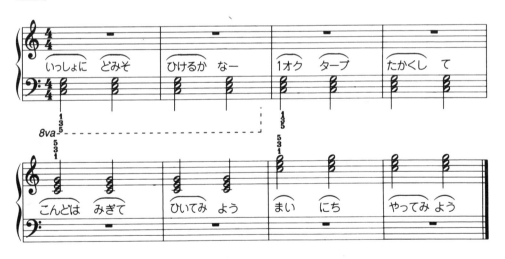

ユニット4　(18〜20ページ)

16　Gポジションのうた（トちょうちょう）
ト長調の5指ポジションを教えます。

17　ひこうき

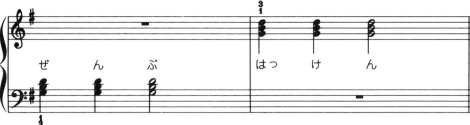

18　うきうきするね！
移調を初めて教えるページです。

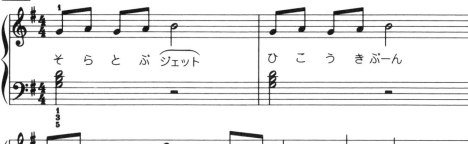

19　G（そしれ）のわおん

20　リズムをたたこう
♩♩♩, ♩., と♪を教えます。音符の名前をいいながら、数える習慣が、身についていれば、このようなリズムも容易に数えることができるはずです。

ユニット5　(21〜25ページ)

22　パイのおみやげ！

23　とばして「スキップ」とんでみよう！
ここで、ひとつとばしの音のなまえを考え、答えさせることは、あとで学ぶ5線譜上の線と間の音をみつける時に役立ちます。

24　じてんしゃ　きょうそう

25　とばして「スキップ」なんのおと！
このように、いろいろなポジションで、鍵盤を見ずに、スキップやステップ（2度や3度）を弾かせると、鍵盤を視覚的にしっかり捉えることができるようになります。

ユニット6　(26〜31ページ)

26　Fポジションのうた（へちょうちょう）

へ長調の紹介。フラットについても教えます。

27　クリスマス

28　Fのわおんでジャンプ！

31　ぴっかぴかのカレンダー

ユニット7　(32〜36ページ)

32　グループⅠのちょう

全12長調を主和音の種類によって、分類します。
グループⅠの調―C、G、F（ハ、ト、へ長調）
　これは、主和音が全部白鍵からなります。F（へ長調）だけは、右手の4指と左手の2指が黒鍵を弾くので、それが例外です。
　これをクッキーにおきかえて、生徒に説明すると、ちょっと面白いかもしれません。
例：グループⅠの調―C、G、F（ハ、ト、へ長調）――バニラビスケット
　　グループⅡの調―D、A、E（ニ、イ、ホ長調）――バニラビスケットのチョコ
　　　　　　　　　　　　　　　　　　　　　　　　　クリームサンド
　　グループⅢの調―D♭、A♭、E♭　　　　　　――チョコビスケットのバニラ
　　　　　　　　　（変ニ、変イ、変ホ長調）　　　　クリームサンド
　　グループⅣの調―G♭、B♭、B　　　　　　　――チョコチップクッキー
　　　　　　　　　（変ト、変ロ、ロ長調）　　　　　（いろいろな混ざり方をしている）

33　まほうのハープ

34　だいふひょう

大譜表を教えます。
　線・間の音については、次のページで取り扱います。

裏表紙につづく

WP271JR

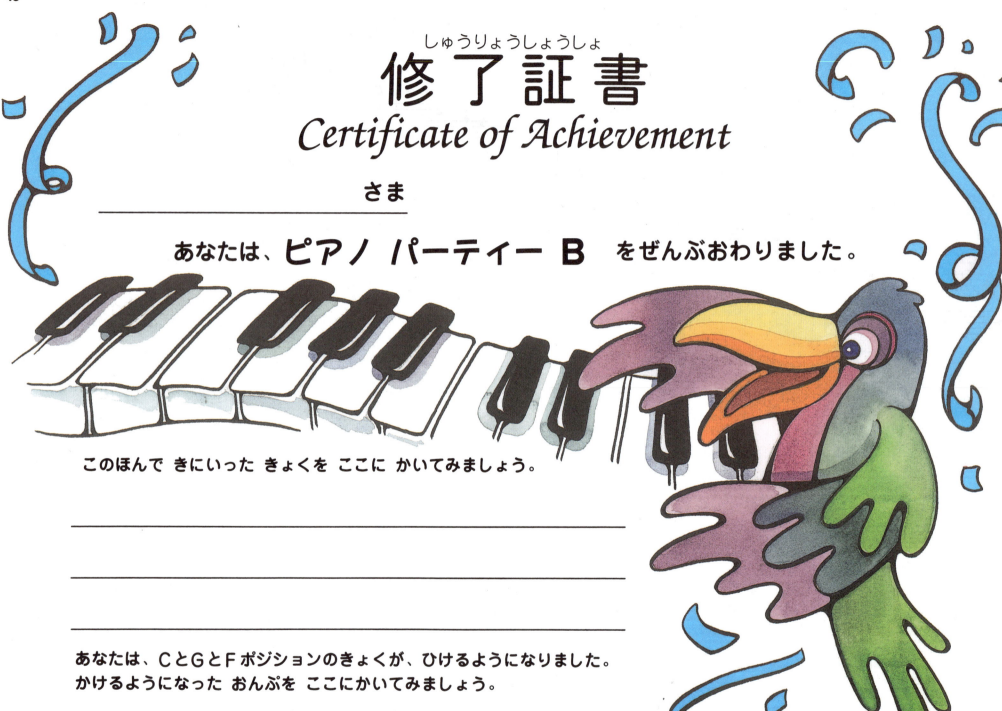